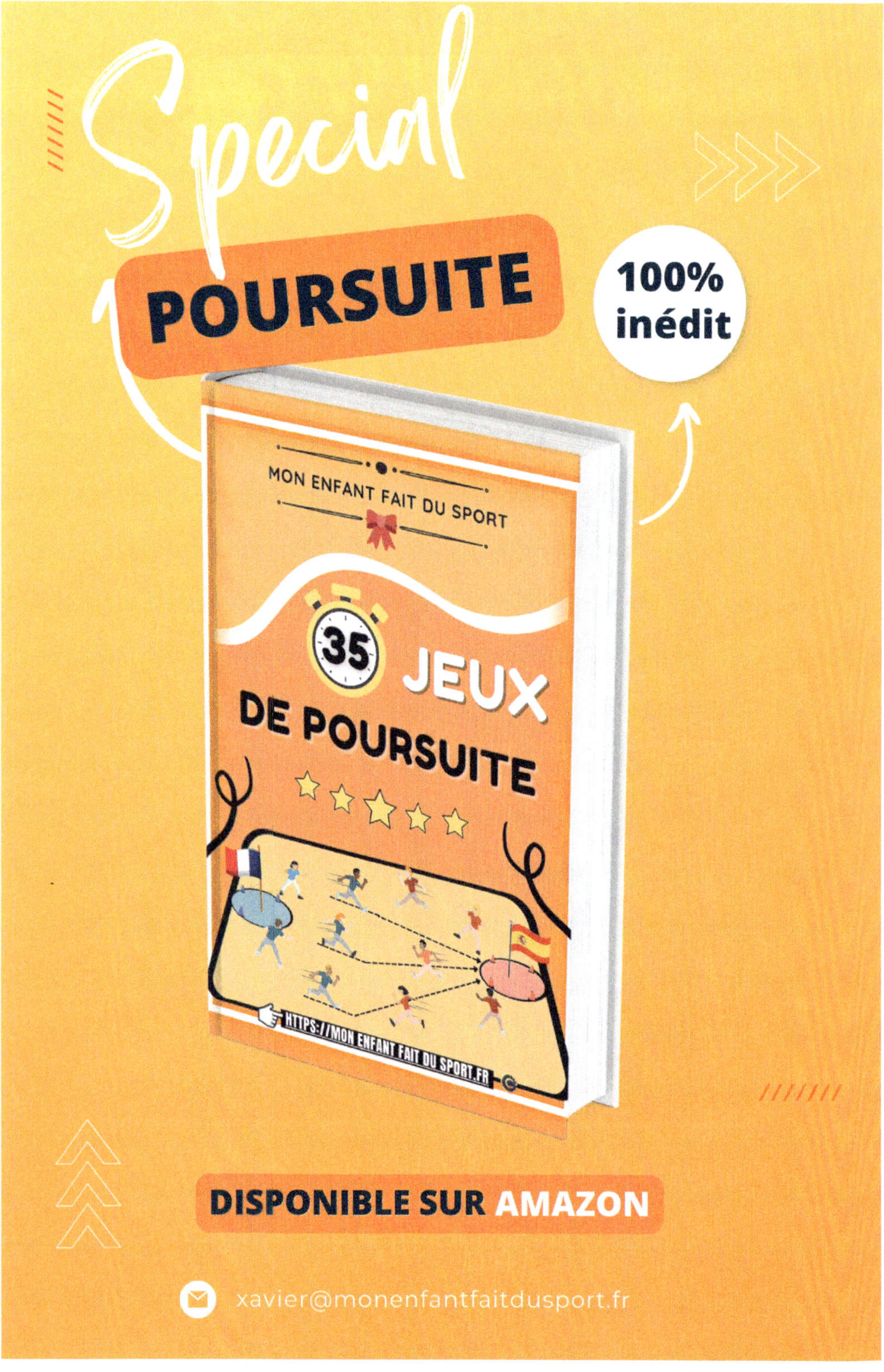
Special
POURSUITE
100% inédit
MON ENFANT FAIT DU SPORT
35 JEUX
DE POURSUITE
HTTPS://MON ENFANT FAIT DU SPORT.FR
DISPONIBLE SUR AMAZON
xavier@monenfantfaitdusport.fr

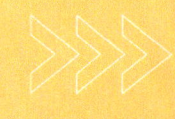

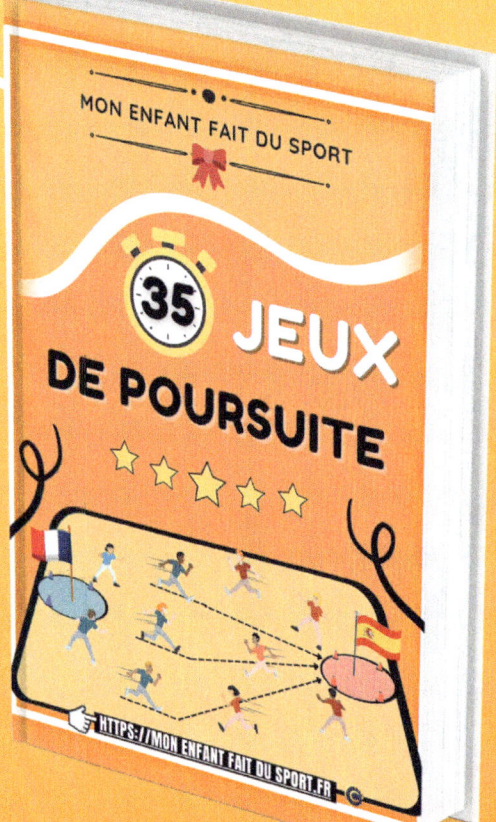

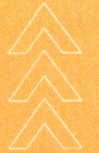

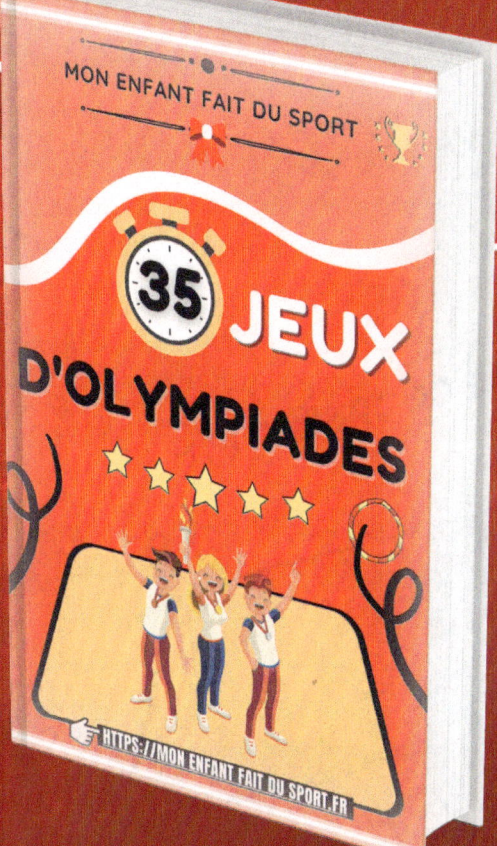

xavier@monenfantfaitdusport.fr

LE SPORT EST LE SEUL LANGAGE UNIVERSEL

life is good

QUI PEUT UNIR LES GENS DE TOUTES *les cultures* et de tous

LES HORIZONS

- Roger Federer

Rien n'aurait été possible sans eux :

Jérôme valadier
ETAPS

TUTEUR EN 2013, COLLÈGUE ET AMI DEPUIS

ClemNewter
Illustrateur

TOUS LES PERSONNAGES SUR LE TERRAIN

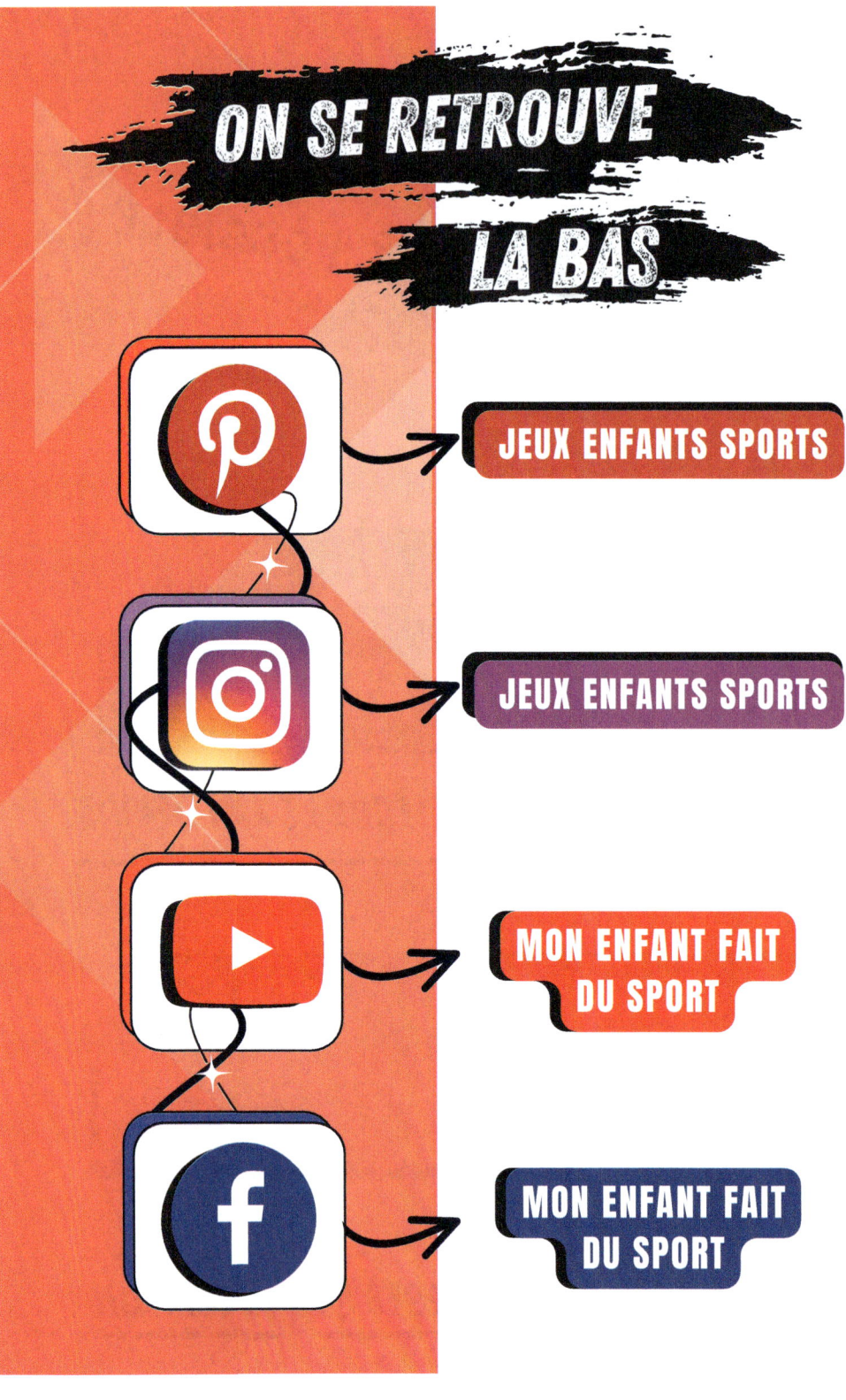

FINI LES RECHERCHES

En tant qu'animateur et éducateur sportif, il est courant de consacrer en moyenne deux heures par jour à chercher des jeux pour les enfants.

Il y a quelques années, j'ai pris la décision de créer mon propre petit carnet contenant tous les types de jeux que je connaissais.

Aujourd'hui, ce petit carnet est entre vos mains et a été modernisé par rapport à mes notes d'origine.

HTTPS://MON ENFANT FAIT DU SPORT.FR

Ainsi, j'ai désormais la chance de consacrer plus de temps à d'autres projets chaque jour

JE PEUX MAINTENANT ME CONSACRER À AUTRE CHOSE

Désormais, **je consacre 1h30** chaque semaine à l'organisation de mes jeux grâce à mes fiches sportives.

J'ai travaillé assidûment tous les soirs, tous les week-ends et même durant mes vacances pour élaborer ces fiches, qui incluent des **jeux de relais, de ballons, de coopération, de poursuite et d'olympiades.**

Je souhaitais un format **clair et structuré** pour **faciliter mes recherches** à long terme, sans pour autant compromettre **l'efficacité pédagogique** de mes activités.

UN PROJET D'ANIMATION COMPLET

Les huit premières pages sont consacrées à l'aspect théorique des caractéristiques d'apprentissage de l'enfant et aux connaissances de l'adulte.

Ce contenu doit être principalement assimilé par l'encadrant afin d'assurer une pratique de jeu en toute sécurité affective, morale et physique pour les participants.

Les pages suivantes présentent les fiches de jeux de d'olympiades, construites de la manière suivante :

- Le but du jeu
- Les consignes pour chaque rôle dans le jeu
- Une démonstration en image
- L'organisation matérielle nécessaire pour jouer
- Les règles du jeu à suivre

HTTPS://MON ENFANT FAIT DU SPORT.FR

EXEMPLE D'UNE FICHE DE JEU

But du jeu : Exemple d'un but du jeu

EQUIPE Rouge - exemple des consignes équipe rouge
EQUIPE Bleu - exemple des consignes équipe bleu

Exemple de Jeu

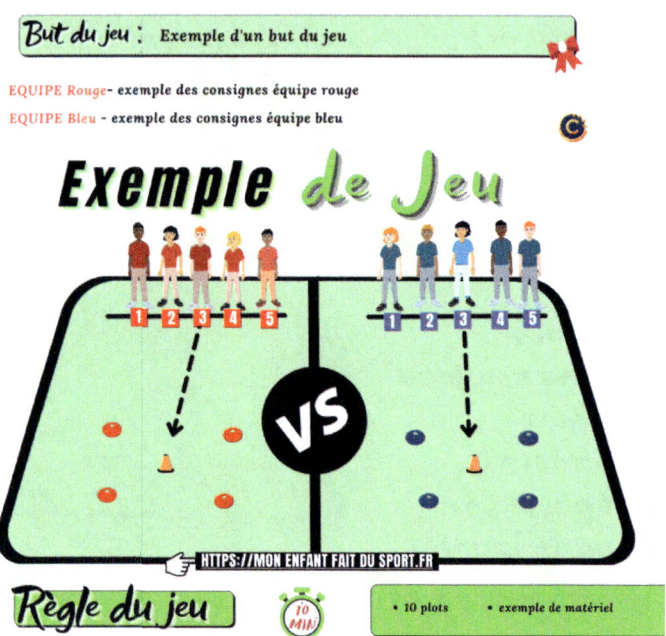

Règle du jeu

- 10 plots
- exemple de matériel

Au «**TOP DÉPART**», cet exemple explique comment jouer au jeu de façon simple clair et compréhensible de tous

Chaque rôle est défini en amont du jeu.
Le matériel sportif utilisé lors du jeu doit être vérifié avant et après utilisation

1. Je m'imprègne de la fiche de jeu
2. J'explique les règles au participant
3. Je mets en situation et n'hésite pas à stopper si nécessaire pour adapter la situation

En rouge est défini la finalité du jeu. Comment gagner ou remporter un point.

Article L111-1 - Code de la propriété intellectuelle

EN TOUTE TRANSPARENCE

Les jeux d'olympiades présent dans ce livre peuvent être

1. *Pour certain, trouvable sur le site internet*
   https://www.monenfantfaitdusport.fr
2. *Trouvable sur Google*

J'ai rassemblé différents éléments indispensables pour la pratique d'une séance de jeu sportive, et j'ai créé un document qui répond aux critères suivants :

- **Présentation claire et concise des informations**
- **Organisation structurée du contenu**
- **Facilité de compréhension pour tous les utilisateurs**
- **Accessibilité et rapidité de consultation et de parcours du document.**

Je ne me considère ni comme un formateur ni comme un conseiller jeunesse, pour lesquels je n'ai pas les qualifications requises. Je me contente simplement de partager mon expérience de terrain en tant qu'éducateur sportif et directeur qualifié d'Accueil Collectif de Mineurs (ACM).

SOMMAIRE

- **PROCESSUS D'APPRENTISSAGE** — 17
- **PHASE D'APPRENTISSAGE** — 18
- **L'ADULTE RESPONSABLE** — 19
- **LE SAVOIR FAIRE** — 20
- **GÉRER TOUS TYPES DE SITUATIONS** — 21
- **DÉFINITION JEUX D'OLYMPIADES** — 22
- **L'OBJECTIF DES FICHES SPORTIVES** — 23
- **ORGANISATION D'UNE OLYMPIADE** — 24-27
- **TOUS LES JEUX D'OLYMPIADES** — 28

HTTPS://MON ENFANT FAIT DU SPORT.FR

HTTPS://MON ENFANT FAIT DU SPORT.FR

Processus d'apprentissage

3 - 6 ans — *AUTO-ADAPTATIF*

Auto-adapation

L'enfant répond à la situation mise en place
ESSAIS-ERREURS
Le résultat constitue **l'action**.

7 - 8 ans — *ANALYSE DE L'ACTION*

Réussir et Comprendre

L'enfant est **ANALYSEUR** de l'action
À partir de la **réussite**, il va **entamer une réflexion** sur sa manière de faire.

9 - 11 ans — *PLANIFICATION*

Comprendre et Réussir

La réflexion permet de **PLANIFIER** une action pour atteindre le but

«Je sais que je peux le faire»
«Je réfléchis et programme mon action en conséquence»

HTTPS://MON ENFANT FAIT DU SPORT.FR

Phase d'apprentissage

L'adulte

- Il **anime**

- Il a des **objectifs**

- Il **met en place** des situations

- Il les **fait évoluer** en fonction des réponses

- Il **évalue**

L'enfant

- Il **vit** l'animation

- Il va **se construire**

- Il est **confronté** à des problèmes

- Il **essaie** de les résoudre

- Il **acquiert** des savoirs

HTTPS://MON ENFANT FAIT DU SPORT.FR

L'adulte Responsable !!

Que dois-je faire ?

 • Adapter mon langage

 • Faire une démonstration pour expliquer le jeu

 • Accompagner et encourager les enfants

 • Adopter une attitude dynamique, stimulante et sécurisante

 • Ne pas forcer un enfant qui n'a pas envie

 • Punition = humiliation
  - La punition est à proscrire

Le savoir faire

Avant un jeu

1. **Identifier** les endroits à risque
2. **Vérifier** l'état du matériel qui va être utilisé et **son fonctionnement**
3. **S'approprier** les règles du jeu

Pendant un jeu

4. **Voir** et être **vu** (présence physique)
5. **Entendre** et être **entendu** (voix, langage, consignes courtes, claires, précises)
6. **Adapter** les règles du jeu en fonction du niveau des enfants

Après un jeu

7. Faire un temps **calme**
8. Être à **l'écoute** et faire un **retour** sur le jeu

HTTPS://MON ENFANT FAIT DU SPORT.FR

Gérer tous types de situations

Un enfant qui n'a pas envie

«L'enfant n'est pas un vase que l'on remplit, mais une source que l'on laisse jaillir.» — Célestin Freinet

- **Attribuer un rôle à l'enfant**
    - Assistant-animateur (arbitre, jury, aide, etc..)
    - Le mettre dans la peau de son personnage favori
    - Aiguiser son appétit en lançant des défis
- **Ne pas le forcer : contre-productif**

Un enfant qui se blesse

- **Stopper** le jeu et **rassembler** les enfants.
- Ne **paniquez pas**, restez **calme** et **réfléchis**.
- Avoir **connaissance de la fiche sanitaire** de l'enfant
- **Contacter** les services compétents et sa hiérarchie

 Se prémunir d'une trousse de soins en prévention.

La sanction d'un enfant

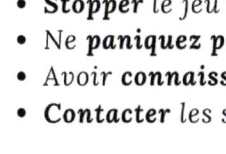

- **Réparer sa bêtise**
    - Ce qu'on a cassé
    - Ce qu'on a sali
- **Remettre en place ce qu'on a dérangé**
- **Faire un jeu pour sensibiliser**
    - Respect
    - Harcèlement

Encourager l'enfant à réfléchir sur ce qui est approprié ou non.

HTTPS://MON ENFANT FAIT DU SPORT.FR

Jeux d'olympiades

Définition

C'est un événement sportif réputé pour **le défi** qu'il propose aux participants, les mettant **en compétition** individuellement et/ou collectivement contre un ou plusieurs adversaires

L'organisation de cet événement est constituée de diverses épreuves sportives (ateliers/jeux) et est encadrée par un ou plusieurs adultes agissant en tant qu'arbitres ou membres du jury.

Les jeux peuvent être chronométrés ou mesurés suivant le type d'épreuve.

Au cours des différentes épreuves, *les points sont cumulés*. Le joueur ou l'équipe avec le plus grand nombre de points remporte *les jeux d'olympiades*.

Page 22

HTTPS://MON ENFANT FAIT DU SPORT.FR

L'objectif des fiches sportives

À quoi ça sert d'avoir un objectif pour mon jeu sportif ?

- Développement des compétences motrices
- Apprentissage de la coopération et du travail d'équipe
- Renforcement de l'estime de soi et de la confiance en soi
- Promotion d'un mode de vie actif et sain
- Développement de la résilience et de la persévérance
- Socialisation et développement des compétences relationnelles

HTTPS://MON ENFANT FAIT DU SPORT.FR

Article L111-1 - Code de la propriété intellectuelle

Organisation d'une olympiade

Les épreuves

Au total 35 jeux d'olympiades

1 — je choisis entre **5 et 7** jeux pour construire mon olympiade

2 — je choisis un **terrain** de jeu assez grand pour **accueillir** en nombre suffisant les **participants** et les **épreuves**

3 — Je **détermine** des **équipes** équilibrées en amont

4 — **Je prépare** chaque **épreuve** aux différents endroits du terrain de jeu

5 — **J'assigne** 1 adulte (arbitre) pour chaque épreuve

6 — **Je donne** la **fiche de jeu** ainsi qu'une **fiche d'arbitrage** à chaque adulte (arbitre)

7 — Je m'équipe d'un **chronomètre** et d'un **sifflet**

8 — **Je lance** le début des épreuves et **effectue les roulements** d'équipes toutes les **15 minutes**

je coordonne l'ensemble des jeux d'olympiades et j'anime la journée dans sa globalité (présentation, roulement des équipes sur les épreuves, classement final, etc..)

Exemple de fiche d'arbitrage

HTTPS://MON ENFANT FAIT DU SPORT.FR

Épreuve : *Le lancer d'objet*

Feuille à redonner pour classer les équipes

(Nom de l'équipe)

Les winners →

NOMBRE DE POINT	TOTAL
2+1+2+3+2+4+1+3	**18**

Les bulldozers →

NOMBRE DE POINT	TOTAL

Les Gryffondor →

NOMBRE DE POINT	TOTAL

Les Foot Furieux →

NOMBRE DE POINT	TOTAL

Les Gars Lactiques →

NOMBRE DE POINT	TOTAL

FC Pantoufles →

NOMBRE DE POINT	TOTAL

Article L111-1 - Code de la propriété intellectuelle

Fiche d'arbitrage

HTTPS://MON ENFANT FAIT DU SPORT.FR

Épreuve : _____

Feuille à redonner pour classer les équipes

(Nom de l'équipe)

·····················➤

NOMBRE DE POINT	TOTAL

(Nom de l'équipe)

·····················➤

NOMBRE DE POINT	TOTAL

(Nom de l'équipe)

·····················➤

NOMBRE DE POINT	TOTAL

(Nom de l'équipe)

·····················➤

NOMBRE DE POINT	TOTAL

(Nom de l'équipe)

·····················➤

NOMBRE DE POINT	TOTAL

(Nom de l'équipe)

·····················➤

NOMBRE DE POINT	TOTAL

(Nom de l'équipe)

·····················➤

NOMBRE DE POINT	TOTAL

Article L111-1 - Code de la propriété intellectuelle

Classement final

HTTPS://MON ENFANT FAIT DU SPORT.FR

NOM DE L'ÉQUIPE	Position : 1	TOTAL
....		

NOM DE L'ÉQUIPE	Position : 2	TOTAL
....		

NOM DE L'ÉQUIPE	Position : 3	TOTAL
....		

NOM DE L'ÉQUIPE	Position : 4	TOTAL
....		

NOM DE L'ÉQUIPE	Position : 5	TOTAL
....		

NOM DE L'ÉQUIPE	Position : 6	TOTAL
....		

NOM DE L'ÉQUIPE	Position : 7	TOTAL
....		

Article L111-1 - Code de la propriété intellectuelle

But du jeu : Gagnez un maximum de points en atteignant la cible la plus éloignée

Lanceur - se place derrière la ligne et lance un objet afin de marquer des points.

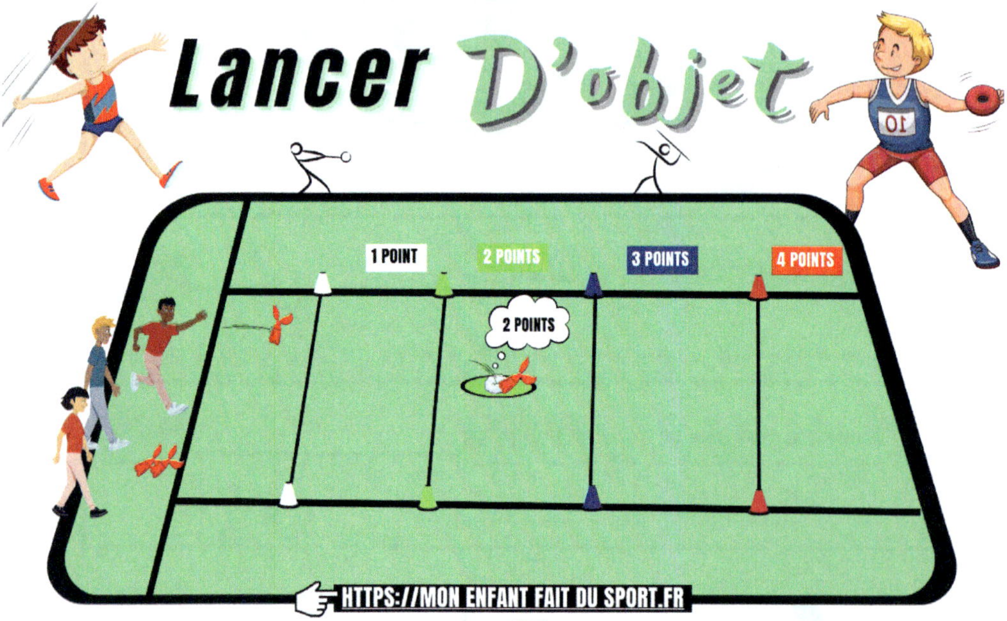

Lancer D'objet

- 1 POINT
- 2 POINTS
- 3 POINTS
- 4 POINTS
- 2 POINTS

HTTPS://MONENFANTFAITDUSPORT.FR

Règle du jeu

10 MIN

- 4 zones de couleurs
- 1 objet

Avant le début du jeu, quatre zones de couleur, matérialisées par des plots, sont disposées sur la zone de jeu

Au signal de l'encadrant, **le joueur lance son objet** le plus loin possible dans une zone de couleur.

- **1 point** est attribué si l'objet atterrit dans **la zone blanche**.
- **2 points** sont attribués si l'objet atterrit dans **la zone verte**.
- **3 points** sont attribués si l'objet atterrit dans **la zone bleue**.
- **4 points** sont attribués si l'objet atterrit dans **la zone rouge**.

Après trois tentatives, le meilleur score sera retenu.

Les joueurs n'ont pas le droit de pénétrer dans la zone de jeu tant qu'un lancer d'objet est en cours.

L'encadrant note les points au fur et à mesure sur la fiche d'arbitrage

Article L111-1 - Code de la propriété intellectuelle

OBSERVATIONS

BILAN

HTTPS://MON ENFANT FAIT DU SPORT.FR

But du jeu : Traverser le plus de zones de couleur en 10 secondes

Joueur - courir et sauter par-dessus les haies le plus rapidement possible.

40 Mètres Haies

Règle du jeu

- 4 zones de couleurs
- 1 chronomètre
- 5 haies

Avant le début du jeu, quatre zones de couleur, matérialisées par des plots, sont disposées sur la zone de jeu, avec un écart de 10 mètres entre chaque couleur. Une haie est placée dans chaque zone.

Au signal de l'encadrant, **le joueur court** le plus vite possible et **saute** par-dessus les **haies** pendant 10 secondes. Au bout de 10 secondes, l'encadrant crie **«STOP»** et observe la zone de couleur où se trouve le coureur.

Plus le joueur saute de haies et traverse les zones de couleur, plus il rapporte de points à son équipe.

- **1 point** est attribué pour un temps de 10 secondes dans **la zone blanche**.
- **2 points** sont attribués pour un temps de 10 secondes avec une arrivée dans **la zone verte**.
- **3 points** sont attribués pour un temps de 10 secondes avec une arrivée dans **la zone bleue**.
- **4 points** sont attribués pour un temps de 10 secondes avec une arrivée dans **la zone rouge**.

L'encadrant note les points au fur et à mesure sur la fiche d'arbitrage.

Article L111-1 - Code de la propriété intellectuelle

OBSERVATIONS

BILAN

HTTPS://MON ENFANT FAIT DU SPORT.FR

But du jeu : Traverser le plus de zones de couleur en 10 secondes

3

Joueur - **courir le plus rapidement possible.**

Règle du jeu

- 4 zones de couleurs (x2)
- 1 chronomètre

Avant le début du jeu, quatre zones de couleur, matérialisées par des plots, sont disposées sur la zone de jeu, avec un écart de 10 mètres entre chaque couleur.

Au signal de l'encadrant, **le joueur court** le plus vite possible **pendant 10 secondes**. Au bout de 10 secondes, l'encadrant crie «**STOP**» et **observe la zone de couleur** où se trouve le coureur.

Plus le joueur traverse les zones de couleur, plus il rapporte de points à son équipe.

- **1 point** est attribué pour un temps de 10 secondes dans **la zone blanche**.
- **2 points** sont attribués pour un temps de 10 secondes avec une arrivée dans **la zone verte**.
- **3 points** sont attribués pour un temps de 10 secondes avec une arrivée dans **la zone bleue**.
- **4 points** sont attribués pour un temps de 10 secondes avec une arrivée dans **la zone rouge**.

L'encadrant note les points au fur et à mesure sur la fiche d'arbitrage.

Article L111-1 - Code de la propriété intellectuelle

OBSERVATIONS

BILAN

HTTPS://MON ENFANT FAIT DU SPORT.FR

But du jeu : Atterrir dans une zone de couleur pour marquer des points

Joueur - courir et sauter le plus loin possible.

Saut en Longueur

Règle du jeu

- 4 zones de couleurs (x2)
- 2 équipes

Avant le début du jeu, quatre zones de couleur, matérialisées par des plots, sont disposées sur la zone de jeu avec un écart de 1 mètre entre elles (adapter en fonction du niveau des enfants).

Au signal de l'encadrant, le joueur court et saute le plus loin possible pour atterrir dans une zone de couleur.

Plus le joueur atterrit loin, plus il rapporte de points à son équipe.

- **1 point** est attribué pour une arrivée dans **la zone blanche.**
- **2 points** sont attribués pour une arrivée dans **la zone verte.**
- **3 points** sont attribués pour une arrivée dans **la zone bleue.**
- **4 points** sont attribués pour une arrivée dans **la zone rouge.**

L'encadrant note les points au fur et à mesure sur la fiche d'arbitrage.

Variantes : Le joueur des deux équipes qui saute le plus loin gagne 1 point supplémentaire.

Article L111-1 - Code de la propriété intellectuelle

OBSERVATIONS

BILAN

But du jeu : Marquer des points en atteignant les cibles avec les balles

Lanceur - viser et lancer la balle dans les cibles.

La balle Précise

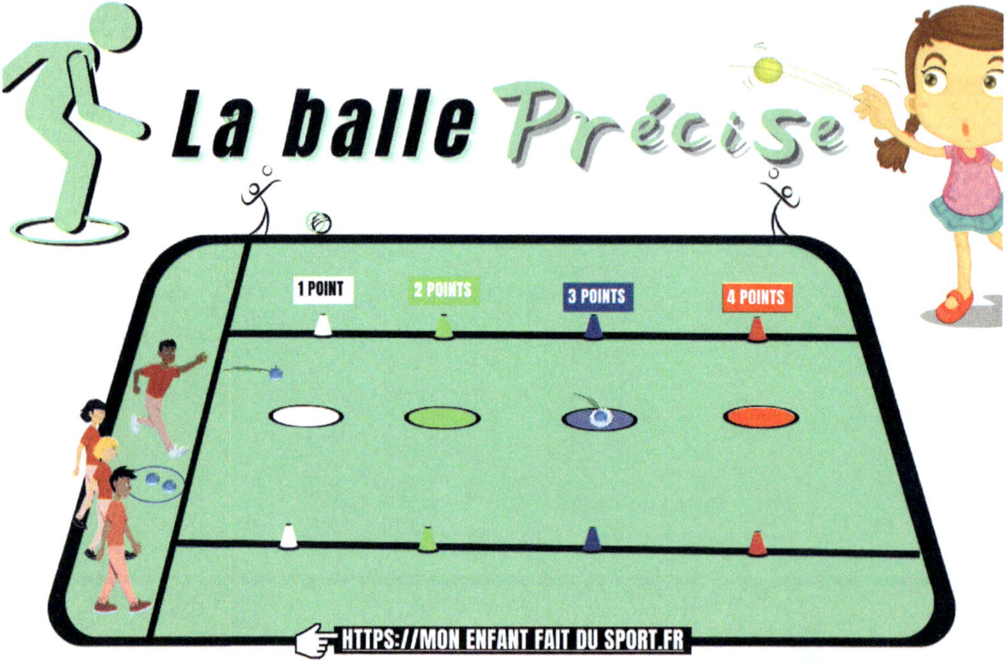

- 1 POINT
- 2 POINTS
- 3 POINTS
- 4 POINTS

Règle du jeu

10 MIN

- 5 cerceaux
- 3 balles de jonglage

Avant le début du jeu, quatre zones de couleur, matérialisées par des cerceaux, sont disposées sur la zone de jeu.

Au signal de l'encadrant, le joueur lance les 3 balles, une à une, dans les cibles de couleur.

- **1 point** est attribué si la balle tombe dans **la zone blanche**
- **2 points** sont attribués si la balle tombe dans **la zone verte**
- **3 points** sont attribués si la balle tombe dans **la zone bleue**
- **4 points** sont attribués si la balle tombe dans **la zone rouge**

On additionne le score pour chaque lancer de balle.

Les joueurs n'ont pas le droit de pénétrer dans la zone de jeu tant qu'un envoi de balle est en cours.

L'encadrant note les points au fur et à mesure sur la fiche d'arbitrage.

Article L111-1 - Code de la propriété intellectuelle

OBSERVATIONS

BILAN

HTTPS://MON ENFANT FAIT DU SPORT.FR

But du jeu : Réaliser la plus grande distance possible

6

Joueur - sauter en avant, pieds joints, le plus loin possible.

Saut de Grenouille

HTTPS://MON ENFANT FAIT DU SPORT.FR

Règle du jeu

5 MIN

- Autant de plot que de joueur
- 2 équipes

Au signal de l'encadrant, les joueurs enchaînent des sauts, pieds joints, pour réaliser la plus grande distance possible par équipe.

Le premier joueur part de la ligne de départ et effectue un saut à pieds joints. L'encadrant marque le point d'atterrissage du saut en posant un plot.

- **Le deuxième** joueur réalise son saut à pieds joints à partir de ce point d'atterrissage.
  Le troisième joueur part du point d'atterrissage du deuxième, et ainsi de suite.

L'épreuve se termine lorsque le dernier joueur a sauté et que son point d'atterrissage est marqué.

L'équipe qui réalise la plus grande distance remporte 4 points.
L'équipe perdante remporte 1 point.
L'encadrant note les points au fur et à mesure sur la fiche d'arbitrage.

Article L111-1 - Code de la propriété intellectuelle

OBSERVATIONS

BILAN

HTTPS://MON ENFANT FAIT DU SPORT.FR

But du jeu : Marquer des points en atteignant les cibles

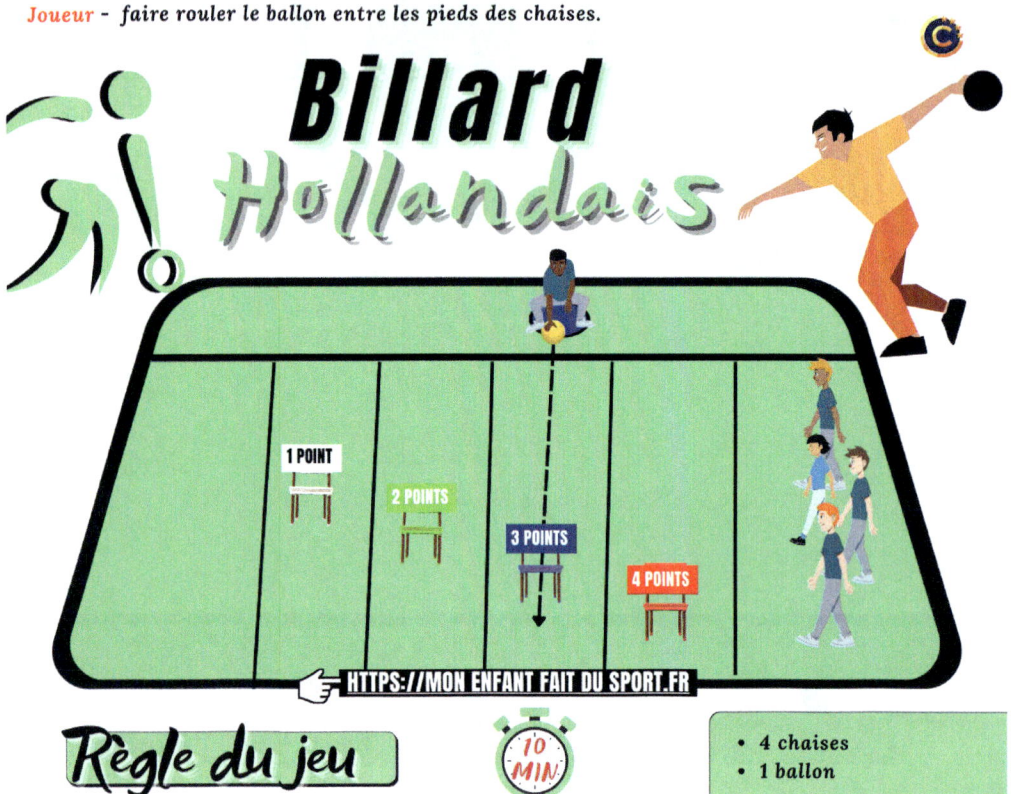

7

Joueur - faire rouler le ballon entre les pieds des chaises.

Billard Hollandais

1 POINT
2 POINTS
3 POINTS
4 POINTS

HTTPS://MON ENFANT FAIT DU SPORT.FR

Règle du jeu

10 MIN

- 4 chaises
- 1 ballon

Avant le début du jeu, quatre couloirs munis d'une chaise chacun sont placés sur la zone de jeu avec un écart de 1 mètre. La chaise blanche est la plus proche et la chaise rouge la plus éloignée.

Au signal de l'encadrant, **le joueur fait rouler le ballon en le poussant** avec les mains tout en visant une zone de couleur.

Le joueur a 3 essais pour gagner le plus de points.

- **1 point** est attribué si le ballon passe en dessous de **la chaise blanche**
- **2 points** sont attribués, si le ballon passe en dessous de **la chaise verte**
- **3 points** sont attribués si le ballon passe en dessous de **la chaise bleue**
- **4 points** sont attribués si le ballon passe en dessous de **la chaise rouge**

Au bout de trois essais, le meilleur score sera compté.

L'encadrant note les points au fur et à mesure sur la fiche d'arbitrage.

Article L111-1 - Code de la propriété intellectuelle

OBSERVATIONS

BILAN

HTTPS://MONENFANTFAITDUSPORT.FR

But du jeu : Effectuer le plus grand nombre de sauts en croix complets

8

Joueur - **sauter devant, derrière et sur les côtés.**

Saut en Croix

Règle du jeu

15 SEC

- 4 cerceaux ou plots

Avant le début du jeu, quatre cerceaux sont placés sur le sol pour former une croix.

À partir du centre de la croix et au signal de l'encadrant, **le joueur réalise le maximum de tours complets** (saut en 1, en 2, en 3 et en 4) en revenant systématiquement au **centre de la croix** avant de changer de zone.

Chaque joueur dispose de 15 secondes pour réaliser le plus grand nombre de croix complètes.

- **Je saute devant** puis je reviens au milieu
- **Je saute derrière** puis je reviens au milieu
- **Je saute à gauche** puis je reviens au milieu
- **Je saute à droite** puis je reviens au milieu

L'encadrant note au fur et à mesure les points sur la fiche d'arbitrage.

Article L111-1 - Code de la propriété intellectuelle

OBSERVATIONS

BILAN

HTTPS://MON ENFANT FAIT DU SPORT.FR

But du jeu : Faire s'arrêter la balle dans la cible pour marquer des points

Joueur - frapper la balle avec un club de golf ou une raquette de tennis pour la faire rouler.

Golf
Précision

1 POINT **2 POINTS** **3 POINTS** **4 POINTS**

Il faut que la balle s'arrête sur une couleur

HTTPS://MON ENFANT FAIT DU SPORT.FR

Règle du jeu

10 MIN

- 4 zones de couleurs (Craie)
- 1 balle de tennis
- 1 club de golf ou raquette

Avant le début du jeu, une cible (drap) avec des zones de couleur est disposée sur la zone de jeu.

Au signal de l'encadrant, le joueur muni d'un club de golf ou d'une raquette frappe la balle pour la faire rouler et s'arrêter dans une zone de couleur.

Pour marquer des points, il suffit que la balle s'arrête dans une zone.

1 point est attribué pour un arrêt de la balle dans la zone blanche.
2 points sont attribués pour un arrêt de la balle dans la zone verte.
3 points sont attribués pour un arrêt de la balle dans la zone bleue.
4 points sont attribués pour un arrêt de la balle dans la zone rouge.

L'encadrant note les points au fur et à mesure sur la fiche d'arbitrage.

Article L111-1 - Code de la propriété intellectuelle

OBSERVATIONS

BILAN

HTTPS://MON ENFANT FAIT DU SPORT.FR

But du jeu : Marquer un but sans toucher les plots

10

Joueur - viser et tirer dans le ballon pour l'envoyer au fond du filet.

Tir au But

Règle du jeu

10 MIN

- 1 but
- 2 plots
- 1 ballon de football

Avant le début du jeu, l'encadrant place deux plots devant le but et un ballon à 10m de celui-ci.

Au signal de l'encadrant, **le premier joueur s'avance jusqu'au ballon**, vise le but et **tire** dans le ballon pour l'envoyer au fond des filets.

- Un but marqué **sans toucher** de plot équivaut à **2 points**.
- Un but marqué **en touchant** un plot équivaut à **1 point**.

L'encadrant note le nombre de points sur la feuille d'arbitrage.

À son tour, le deuxième joueur de l'équipe s'avance jusqu'au ballon, vise et tire dans le but.

Variantes :
- Faire un mur complet avec des plots.
- Mettre un gardien de but.

Article L111-1 - Code de la propriété intellectuelle

OBSERVATIONS

BILAN

HTTPS://MON ENFANT FAIT DU SPORT.FR

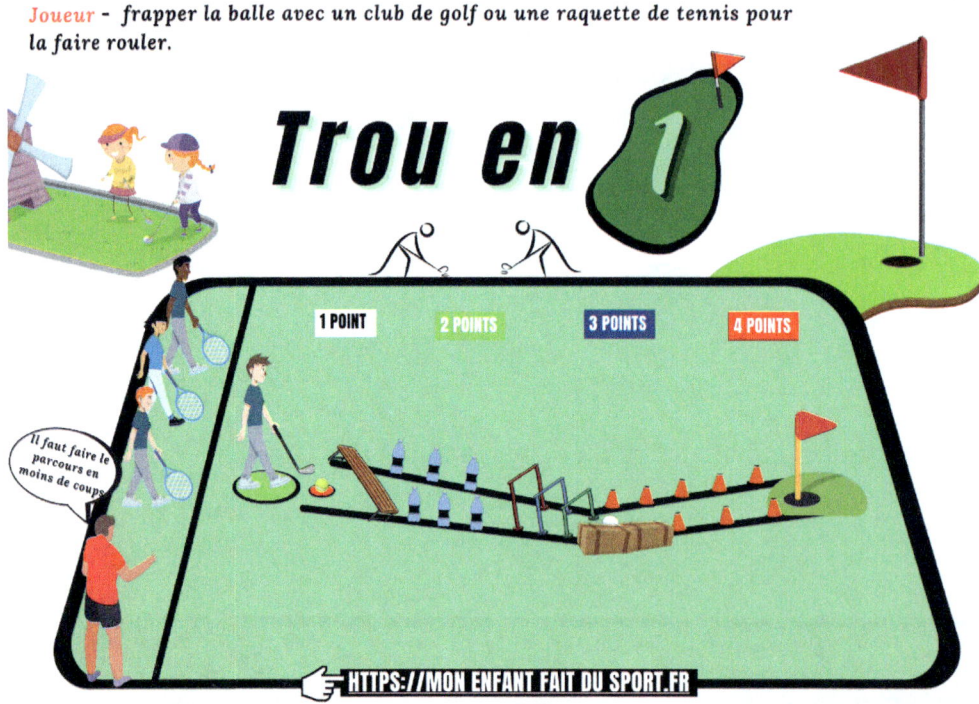

But du jeu : Effectuer le moins de coups pour mettre la balle dans la cible

11

Joueur - frapper la balle avec un club de golf ou une raquette de tennis pour la faire rouler.

Trou en 1

1 POINT — 2 POINTS — 3 POINTS — 4 POINTS

Il faut faire le parcours en moins de coups

HTTPS://MON ENFANT FAIT DU SPORT.FR

Règle du jeu

10 MIN

- Matériel à portée de main
- 1 balle de tennis
- 1 club de golf ou raquette

Avant le début du jeu, un parcours simple de golf est installé.

Au signal de l'encadrant, le joueur muni d'un club de golf ou d'une raquette **frappe la balle** pour la **faire** rouler et **s'arrêter** dans le trou final (cerceau).

Pour marquer des points, il faut effectuer le moins de coups possible :

- **1 point** est attribué si le parcours est effectué **en 4 coups ou plus**
- **2 points** sont attribués si le parcours est effectué **en 3 coups**
- **3 points** sont attribués si le parcours est effectué **en 2 coups**
- **4 points** sont attribués si le parcours est effectué **en 1 coup**

L'encadrant note au fur et à mesure les points sur la fiche d'arbitrage.

Article L111-1 - Code de la propriété intellectuelle

OBSERVATIONS

BILAN

HTTPS://MON ENFANT FAIT DU SPORT.FR

But du jeu : Marquer le plus grand nombre de paniers sur 3 lancers

Lanceur - lancer le ballon dans le panier

Le Shooter

- 1 panier de basket
- 1 ballon de basket

Règle du jeu

Avant le début de l'épreuve, une zone de lancer est placée à quelques mètres du panier. Les joueurs se tiennent à 5 mètres derrière.

Au signal de l'encadrant, le joueur **dispose de 3 essais pour lancer le ballon** dans le panier.

À la fin des 3 essais, le joueur suivant entre dans la zone de lancer.

- 2 points sont attribués pour chaque panier marqué.

L'encadrant note au fur et à mesure les points sur la fiche d'arbitrage.

Article L111-1 - Code de la propriété intellectuelle

OBSERVATIONS

BILAN

HTTPS://MON ENFANT FAIT DU SPORT.FR

But du jeu : Réaliser le plus grand nombre de sauts

13

Joueur - saute à la corde, pieds joints

Jump Fit

Règle du jeu

- Une corde à sauter
- 1 Chronomètre

Avant le début de l'épreuve, les joueurs se tiennent à au moins 5 mètres de la corde à sauter.

Au signal de l'encadrant, **le joueur dispose de 15 secondes pour réaliser le maximum de sauts à pieds joints** à la corde.

L'adulte compte le nombre de sauts que le joueur effectue.

L'encadrant note au fur et à mesure les points sur la fiche d'arbitrage.

Toutes les 15 secondes, un nouveau joueur prend le relais pour sauter à la corde.

Article L111-1 - Code de la propriété intellectuelle

OBSERVATIONS

BILAN

HTTPS://MON ENFANT FAIT DU SPORT.FR

But du jeu : Gagner le plus de points en atteignant la couleur la plus éloignée

Lanceur - se place derrière la ligne et lance un avion en papier

Lancer D'avion

- 4 zones de couleurs
- 1 avion en papier par joueur

Règle du jeu

Avant le début du jeu, quatre zones de couleur matérialisées par des plots sont placées sur la zone de jeu.

Cliquer ici pour découvrir un tuto simple d'avion en papier
https://www.youtube.com/watch?v=RUejGexzeWo&ab_channel=origamipapier

Au «TOP de l'encadrant», **le joueur lance son avion le plus loin possible** dans une zone de couleur.

- **1 point** est attribué si l'avion tombe dans **la zone blanche**
- **2 points** sont attribués si l'avion tombe dans **la zone verte**
- **3 points** sont attribués si l'avion tombe dans **la zone bleue**
- **4 points** sont attribués si l'avion tombe dans **la zone rouge**

Aucun joueur n'a le droit de rentrer dans la zone de jeu tant qu'il y a un avion en vol.
L'encadrant note au fur et à mesure les points sur la fiche d'arbitrage.

Variante :
- Proposer aux enfants de faire leurs propres avions avant l'épreuve.

Article L111-1 - Code de la propriété intellectuelle

OBSERVATIONS

BILAN

HTTPS://MON ENFANT FAIT DU SPORT.FR

But du jeu : Gagner le plus de points en lançant les anneaux

Joueur - viser et lancer l'anneau dans un pied de chaise

Mon Précieux

Règle du jeu

10 MIN

- 4 chaises
- 4 anneaux

Avant le début du jeu, quatre couloirs munis d'une chaise chacun sont placés sur la zone de jeu avec un écart de 1m. De la plus près pour la chaise blanche à la plus loin pour la chaise rouge.

Au **«TOP de l'encadrant»**, le joueur lance le 1er anneau avec les mains tout en visant un pied de chaise de la zone blanche.
Puis, le joueur passe sur le second couloir d'une distance supérieur et lance l'anneau. Ainsi de suite jusqu'a la zone rouge.

Le joueur a 1 essai par couloir pour gagner le plus de points.

- **1 point** est attribué si l'anneau passe sur un pied de chaise de **la zone blanche**
- **2 points** sont attribués, si l'anneau passe sur un pied de chaise de **la zone verte**
- **3 points** sont attribués si l'anneau passe sur un pied de chaise de **la zone bleue**
- **4 points** sont attribués si l'anneau passe sur un pied de chaise de **la zone rouge**

Au bout des quatre lancées, le meilleur score sera compté.

L'encadrant note au fur et à mesure les points sur la fiche d'arbitrage.

Article L111-1 - Code de la propriété intellectuelle

OBSERVATIONS

BILAN

HTTPS://MON ENFANT FAIT DU SPORT.FR

But du jeu : Marquer le plus de points en lançant des cerceaux sur des plots

Joueur - viser et lancer le cerceau sur un plot coloré

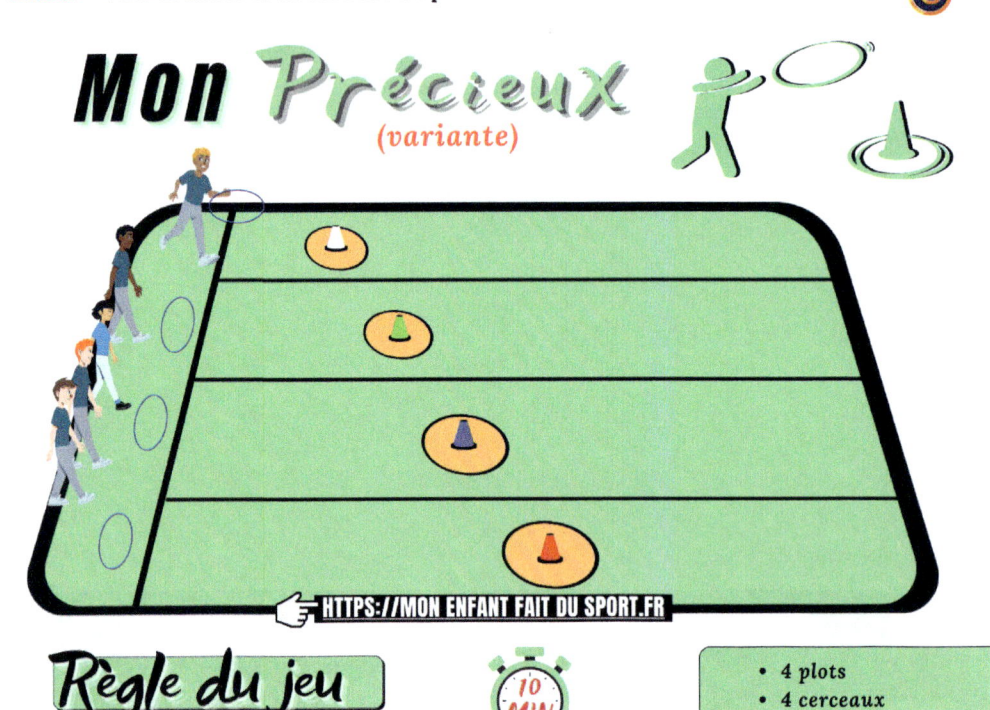

Mon Précieux
(variante)

Règle du jeu

- 4 plots
- 4 cerceaux

Avant le début du jeu, quatre couloirs équipés d'un plot chacun sont disposés dans la zone de jeu, espacés d'1 mètre. Les plots sont placés du plus proche (blanc) au plus éloigné (rouge).

Au signal de l'encadrant, le joueur lance le premier cerceau à l'aide de ses mains en visant le plot blanc. Ensuite, le joueur se déplace vers le deuxième couloir, situé à une distance plus grande, et lance le cerceau sur le plot. Le processus se répète jusqu'à la zone rouge.

Le joueur a une tentative par couloir pour marquer le plus de points possible.

- **1 point** est attribué si le cerceau **atterrit sur le plot blanc**
- **2 points** sont attribués si le cerceau **atterrit sur le plot vert**
- **3 points** sont attribués si le cerceau **atterrit sur le plot bleu**
- **4 points** sont attribués si le cerceau **atterrit sur le plot rouge**

Après les quatre lancers, le meilleur score est comptabilisé.

L'encadrant note les points au fur et à mesure sur la fiche d'arbitrage.

Article L111-1 - Code de la propriété intellectuelle

OBSERVATIONS

BILAN

HTTPS://MON ENFANT FAIT DU SPORT.FR

But du jeu : Terminer le circuit plus rapidement que son adversaire

Joueur - courir, suivre le tracé et franchir la ligne d'arrivée

Formule 1

Départ

HTTPS://MON ENFANT FAIT DU SPORT.FR

Règle du jeu

- 14 plots
- 2 équipes

Avant le début du jeu, des plots sont disposés sur le terrain pour former un circuit. Une équipe est placée à droite des plots et l'autre à gauche.

Au signal de l'encadrant, le premier joueur de chaque équipe court le plus rapidement possible en suivant la trajectoire des plots et en respectant le circuit.

Le premier joueur à franchir la ligne d'arrivée remporte 1 point pour son équipe.

Le processus est répété avec les autres joueurs des équipes. Les courses se déroulent toujours en un contre un.

- Il est interdit de prendre des raccourcis sur le circuit.

1. Au signal de départ, le joueur court et suit le circuit.
2. S'il arrive en premier, il gagne 1 point pour son équipe.

L'encadrant note les points sur la feuille d'arbitrage.

Article L111-1 - Code de la propriété intellectuelle

OBSERVATIONS

BILAN

HTTPS://MON ENFANT FAIT DU SPORT.FR

But du jeu : Avoir le moins de balles dans son camp

Joueur - **faire passer les balles sous les chaises**

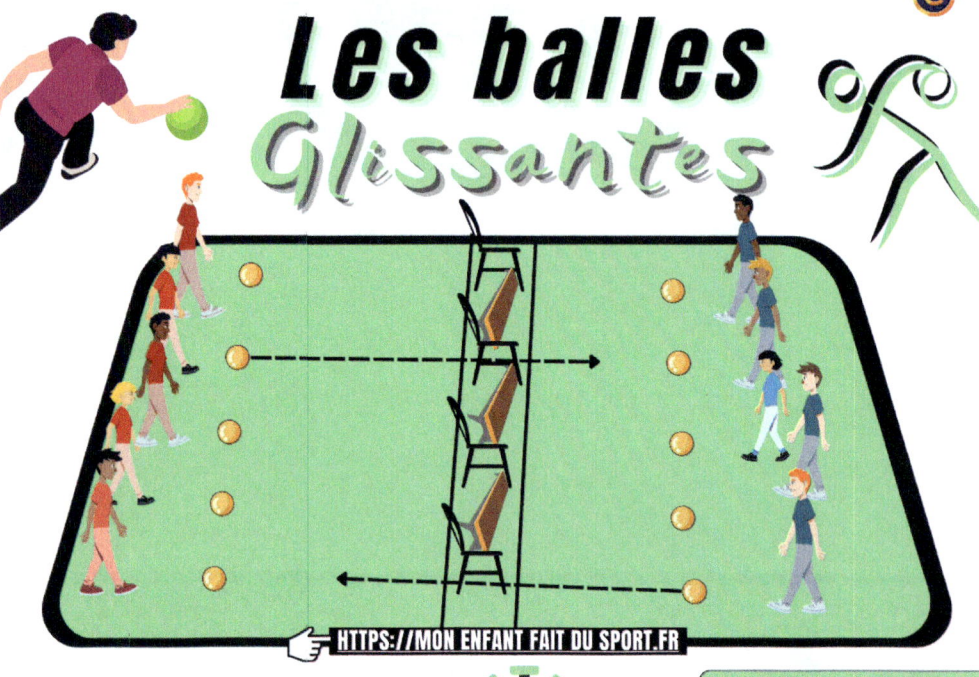

Les balles Glissantes

Règle du jeu

- 4 chaises
- 3 bancs
- Autant de balles que de joueurs

Avant le début du jeu, quatre chaises et trois bancs sont placés au milieu de la zone de jeu. Chaque équipe a un camp équipé de 5 balles.

Au signal de départ, les joueurs des deux équipes **font rouler leurs balles** vers le **camp adverse**.
- Attention, il faut faire passer les balles sous les chaises.

Les balles qui arrivent **dans un camp** sont rapidement **renvoyées** dans l'autre camp. Après 5 minutes, le jeu s'arrête.

L'équipe qui a le moins de balles dans son camp remporte 4 points.

L'équipe perdante gagne 1 point.

L'encadrant note les points sur la fiche d'arbitrage au fur et à mesure.

Article L111-1 - Code de la propriété intellectuelle

OBSERVATIONS

BILAN

HTTPS://MON ENFANT FAIT DU SPORT.FR

But du jeu : Faire tomber le ballon dans le camp adverse

Joueur - réceptionner le ballon ou le lancer avec la couverture

Trampo Ball

Règle du jeu

5 MIN

- 2 équipes
- 2 ballons
- 2 couvertures ou serviettes

Avant le début du jeu, chaque équipe dispose d'un camp et d'une couverture. Les joueurs tiennent la couverture par les extrémités.

Au signal de départ, le ballon est placé sur la couverture d'une équipe. Cette équipe doit lancer le ballon dans le camp adverse en utilisant la couverture.

L'équipe opposée doit se déplacer avec la couverture pour réceptionner le ballon et, à son tour, tenter de le renvoyer dans le camp adverse.

- Il est interdit de s'approcher de la ligne médiane et de laisser tomber le ballon dans le camp adverse.
- Le ballon doit être lancé en l'air.

La première équipe à obtenir 4 points remporte la partie.

L'encadrant note les points sur la fiche d'arbitrage au fur et à mesure.

Article L111-1 - Code de la propriété intellectuelle

OBSERVATIONS

BILAN

HTTPS://MON ENFANT FAIT DU SPORT.FR

But du jeu : Rapporter l'anneau à saturne avant l'équipe adverse

Joueur - faire traverser le cerceau de joueur en joueur sans que celui-ci ne tombe au sol

L'anneau de Saturne

Règle du jeu

- 2 équipes
- 2 cerceaux

Avant le début du jeu, chaque équipe dispose d'un cerceau.
Les joueurs sont tous liés par les mains.

Au signal de départ, chaque équipe doit **faire avancer l'anneau** (cerceau) de Saturne sans qu'il ne tombe au sol.

Pour faire avancer le cerceau, **le joueur doit le faire passer à travers son corps** (jambe, bras et tête) sans lâcher la main de son coéquipier, formant ainsi une chaîne.

- Il est interdit de se déplacer en tenant le cerceau.

- Les joueurs peuvent se détacher et se rattacher au bout de la chaîne seulement si l'anneau a été passé à travers un autre joueur.

La première équipe qui apporte l'anneau à Saturne remporte la partie.

L'encadrant note les points sur la fiche d'arbitrage au fur et à mesure.

Article L111-1 - Code de la propriété intellectuelle

OBSERVATIONS

BILAN

HTTPS://MON ENFANT FAIT DU SPORT.FR

21

But du jeu : Faire le tour du plot avant l'équipe adverse

Joueur - **courir sans lâcher le cerceau**

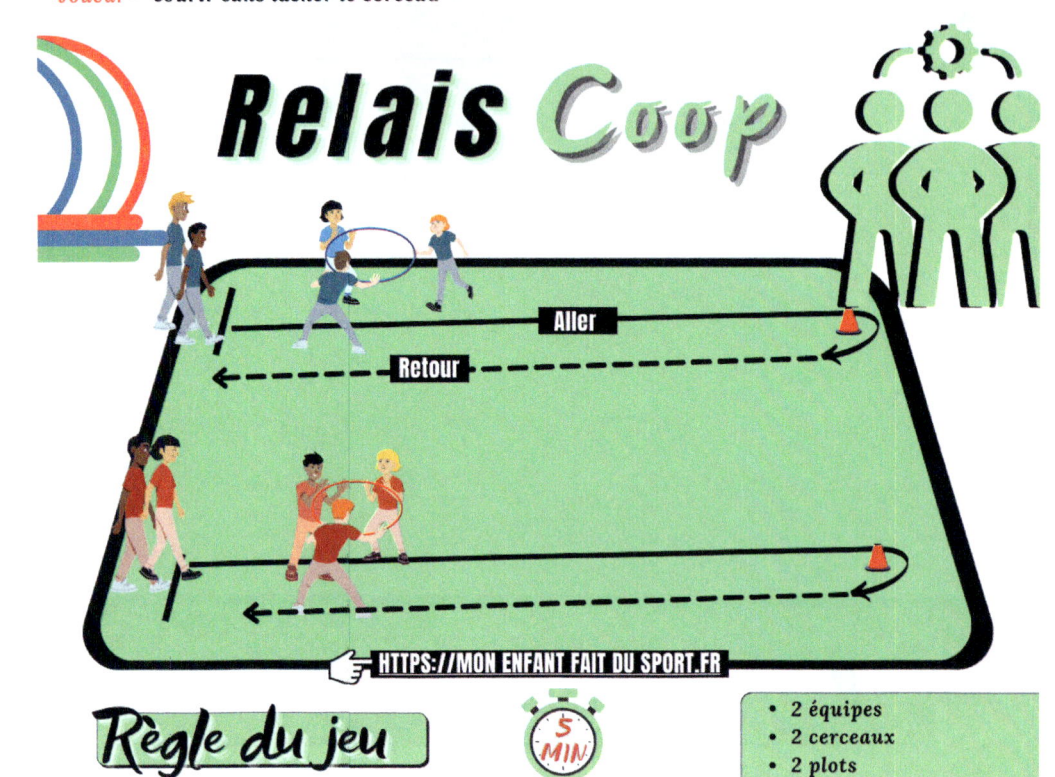

Relais Coop

HTTPS://MON ENFANT FAIT DU SPORT.FR

Règle du jeu

5 MIN

- 2 équipes
- 2 cerceaux
- 2 plots

Avant le début du jeu, chaque équipe dispose d'un cerceau.

Au signal de départ, les trois premiers joueurs de chaque équipe **courent sans lâcher le cerceau**, contournent le plot et reviennent dans leur camp.

Les trois joueurs en attente récupèrent le cerceau et s'accrochent à celui-ci. Ils effectuent le même parcours (courir, contourner le plot et revenir).

La première équipe à effectuer le parcours 3 fois remporte le relais coopération.

- Il est interdit de lâcher le cerceau, sous peine de devoir recommencer depuis le début.

L'encadrant note les points sur la fiche d'arbitrage au fur et à mesure.

Article L111-1 - Code de la propriété intellectuelle

OBSERVATIONS

BILAN

HTTPS://MON ENFANT FAIT DU SPORT.FR

22

But du jeu : Gagner des points en passant les bases

Joueur - traverser un maximum de bases avant que son partenaire soit touché par le ballon
Joueur - éviter le ballon tout en restant dans le rectangle

Esquive Ballon

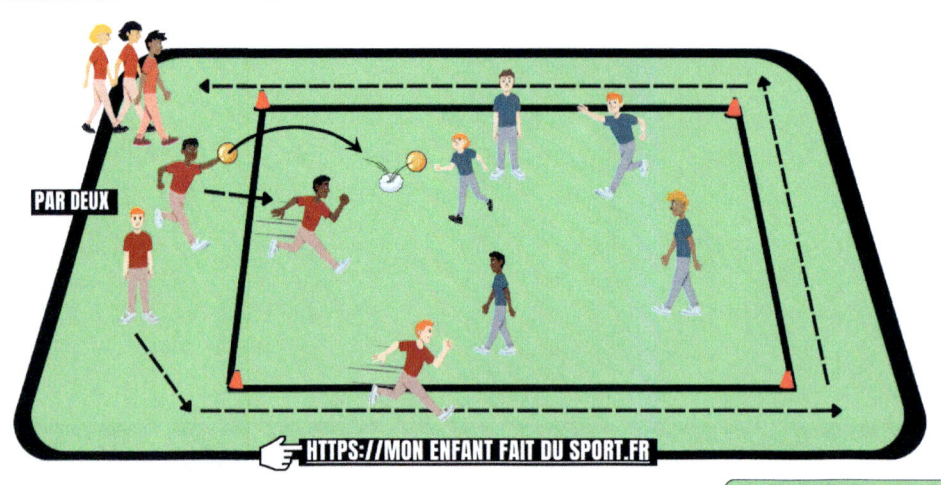

PAR DEUX

HTTPS://MON ENFANT FAIT DU SPORT.FR

Règle du jeu

15 MIN

- 2 équipes
- 4 plots
- 1 ballon

Avant le début du jeu, l'équipe rouge crée des paires et se positionne à l'extérieur du rectangle, tandis que l'équipe bleue se tient à l'intérieur du rectangle sans en sortir.

Au signal de départ, **un joueur rouge de chaque duo lance le ballon dans le rectangle et y pénètre.**
Il doit rester à l'intérieur jusqu'à ce qu'un joueur de l'équipe bleue le touche avec le ballon.

Pendant ce temps, le partenaire du joueur rouge à l'intérieur du rectangle **court rapidement autour du rectangle.**

- Chaque base (plot) franchie rapporte 1 point à son équipe.

Par la suite, les rôles s'inversent : l'équipe rouge se trouve dans le rectangle et l'équipe bleue à l'extérieur.

L'équipe qui accumule le plus de points remporte la partie.

Article L111-1 - Code de la propriété intellectuelle

OBSERVATIONS

BILAN

HTTPS://MON ENFANT FAIT DU SPORT.FR

But du jeu : Gagner des points en formant des mots

Joueur - courir, récupérer une lettre et la ramener au camp

La course Aux Mots

HTTPS://MON ENFANT FAIT DU SPORT.FR

Règle du jeu

10 MIN

- 2 équipes
- Des lettres d'alphabet

Avant le début du jeu, des lettres de l'alphabet sont réparties de manière aléatoire dans la zone de jeu.

Au signal de départ, **le premier joueur de chaque équipe court, récupère une lettre** et la rapporte dans son camp.

Une fois revenu, le deuxième joueur en attente fait de même en récupérant une lettre et en la ramenant au camp. **Ce processus se poursuit jusqu'à ce qu'il n'y ait plus de lettres** dans la zone de jeu.

Ensuite, les joueurs disposent de 5 minutes pour former autant de mots que possible avec les lettres collectées.

- 1 point est attribué pour chaque mot formé.

L'encadrant note au fur et à mesure les points sur la fiche d'arbitrage.

Article L111-1 - Code de la propriété intellectuelle

OBSERVATIONS

BILAN

HTTPS://MON ENFANT FAIT DU SPORT.FR

But du jeu : Trouver le bon résultat et le présenter à l'encadrant

Joueur - réfléchir en équipe et courir jusqu'au centre

Béret & Math

6 + 6

HTTPS://MON ENFANT FAIT DU SPORT.FR

Règle du jeu

10 MIN

- 2 équipes
- N° (papier A4)
- Scotch

Avant le début du jeu, chaque joueur d'une équipe porte un numéro fixé sur son tee-shirt à l'aide de ruban adhésif.

L'encadrant annonce un calcul simple, par exemple "6 + 6", et les joueurs des deux équipes doivent réfléchir ensemble pour trouver le résultat.
- 6 + 6 = 12
- Le nombre 12 correspond aux joueurs portant les numéros 1 et 2.

Les joueurs 1 et 2 courent vers le centre pour donner la réponse à l'encadrant.

Les premiers joueurs des deux équipes qui atteignent le centre avec la bonne réponse marquent 1 point pour leur équipe.

L'encadrant comptabilise les points et les note sur la fiche d'arbitrage.

Facile à mettre en place avec deux équipes de 10 joueurs.

Article L111-1 - Code de la propriété intellectuelle

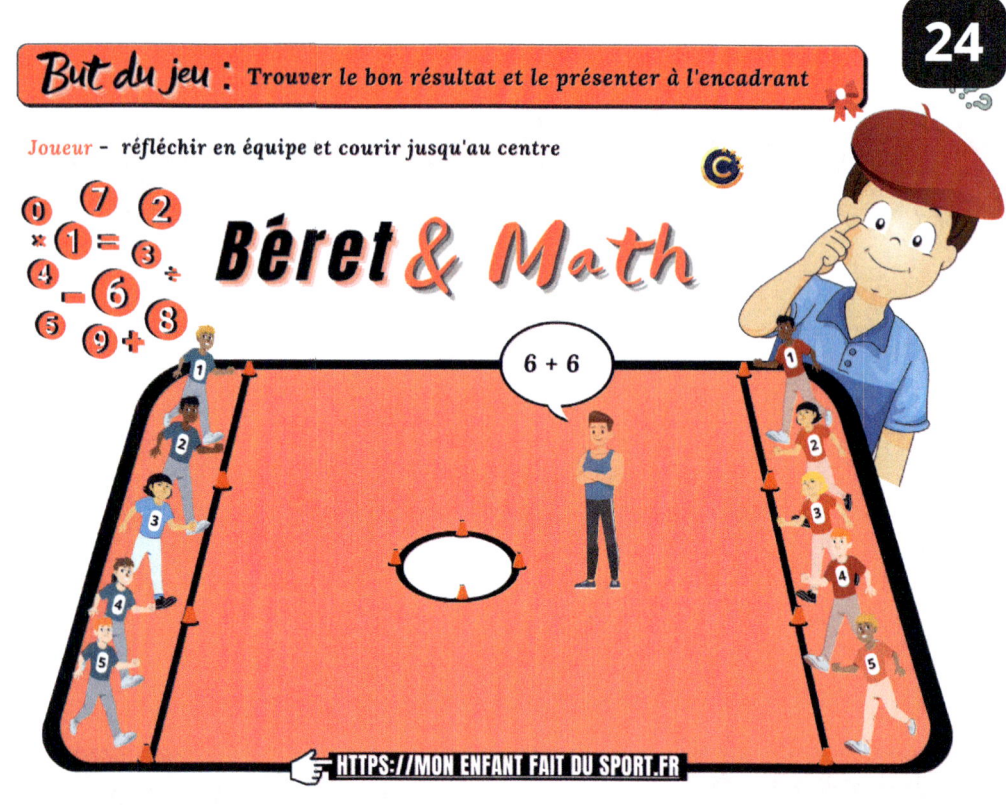

OBSERVATIONS

BILAN

HTTPS://MON ENFANT FAIT DU SPORT.FR

But du jeu : Toucher l'équipe adverse pour marquer un point

25

Joueur - courir sans lâcher la corde et rattraper l'équipe adverse

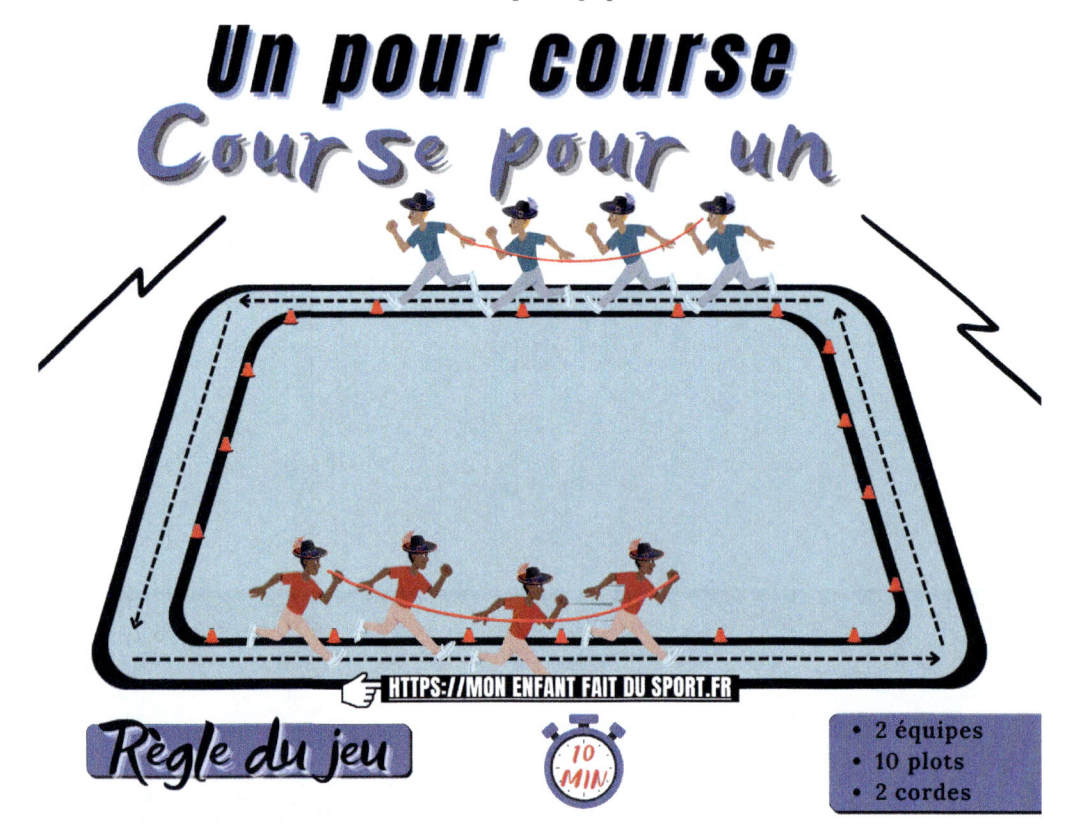

Un pour course
Course pour un

- 2 équipes
- 10 plots
- 2 cordes

Règle du jeu

10 MIN

Avant le début du jeu, les deux équipes se positionnent à chaque extrémité du terrain de course. Chaque joueur d'une équipe doit tenir une corde dans sa main sans la lâcher.

Au signal de départ, les deux **équipes courent en tenant la corde** autour de la zone de jeu.

L'équipe qui parvient **à rattraper et toucher le dernier joueur** de l'équipe adverse remporte l'épreuve appelée "Course au serpent".

- Les joueurs ne doivent pas lâcher la corde, sinon ils encourent une pénalité de 3 secondes d'arrêt.

L'équipe perdante obtient 1 point, tandis que l'équipe qui réussit à rattraper et toucher son adversaire gagne 4 points.

Article L111-1 - Code de la propriété intellectuelle

OBSERVATIONS

BILAN

HTTPS://MON ENFANT FAIT DU SPORT.FR

But du jeu : Marquer des points en atteignant la cible avec le frisbee

Joueur - viser la cible et lancer le frisbee dedans

Captain America

- 2 équipes
- 2 Chaises
- Scotch
- 2 Cible
- 2 Frisbee

10 MIN

Règle du jeu

Avant le début du jeu, deux cibles (cerceaux) sont placées à une distance de 10 mètres de la zone de lancer.

Au signal de l'encadrant, le premier joueur de chaque équipe lance le frisbee en direction de la cible.

- 1 point est attribué si le frisbee passe à travers la cible (cerceau).

Après les deux lancers, les lanceurs récupèrent leur frisbee et le passent au joueur suivant en attente (au signal de l'encadrant).

Le processus se répète pour chaque joueur.

L'encadrant note les points au fur et à mesure sur la fiche d'arbitrage.

Article L111-1 - Code de la propriété intellectuelle

OBSERVATIONS

BILAN

HTTPS://MON ENFANT FAIT DU SPORT.FR

But du jeu : Renverser et vider la bouteille de l'équipe adverse

Joueur - **faire des passes et lancer le ballon sur la bouteille d'eau adverse**

P = Passe
T = Tir

Le tir À l'eau

Règle du jeu

10 MIN

- 4 zones de couleurs
- 1 objet

Avant de commencer, une bouteille ouverte remplie d'eau est placée dans chaque camp.

Au signal de départ, le ballon est envoyé aléatoirement sur le terrain. L'équipe qui le récupère doit se **faire des passes et lancer le ballon sur la bouteille adverse.**

L'équipe adverse doit récupérer le ballon en gênant et interceptant les passes au vol.

Au bout de 5 minutes, l'équipe qui a le plus d'eau dans sa bouteille remporte l'épreuve.

- Il est interdit d'avancer avec le ballon dans les mains.
- Une fois qu'une bouteille tombe, la remise en jeu se fait dans la zone de l'équipe concernée..

L'encadrant note les points sur la fiche d'arbitrage au fur et à mesure.

Article L111-1 - Code de la propriété intellectuelle

OBSERVATIONS

BILAN

HTTPS://MON ENFANT FAIT DU SPORT.FR

Water Glass

But du jeu : Remplir son récipient avant l'équipe adverse

Joueur - courir et slalomer sans faire tomber l'eau

28

Règle du jeu

- 2 gobelets
- 3 récipients
- 10 plots ou coupelles
- 2 équipes

10 MIN

Au **«TOP DÉPART»**, le premier enfant de chaque équipe a un verre vide en main. En courant et en passant par le couloir de son équipe, l'enfant va remplir son verre dans un récipient.

Une fois le verre rempli, l'enfant **slalome** entre les plots et **verse** l'eau restante dans le **récipient** de son équipe.

L'enfant revient ensuite au point de départ et **passe le verre vide au coéquipier suivant** qui attend son tour. Ce dernier remplit à son tour le verre et le vide dans le récipient de l'équipe.

La première équipe qui remplit son récipient remporte 4 points.
L'équipe perdante gagne 1 point.

Article L111-1 - Code de la propriété intellectuelle

OBSERVATIONS

BILAN

HTTPS://MON ENFANT FAIT DU SPORT.FR

But du jeu : Faire traverser la ligne rouge au gobelet

Joueur - cibler et tirer dans le gobelet avec le pistolet à eau

Tireur D'élite

HTTPS://MON ENFANT FAIT DU SPORT.FR

Règle du jeu

10 MIN

- 2 chaises
- 2 cordes
- 2 bassines d'eau
- 2 Pistolets à eau
- 2 équipes

Avant le début du jeu, deux gobelets percés sont enfilés sur une corde. La corde est attachée à deux chaises. Les pistolets à eau se trouvent dans des bassines d'eau.

Au «TOP DÉPART», le premier joueur de chaque équipe se précipite vers la bassine pour récupérer un pistolet à eau.

Le joueur revient ensuite à la position initiale de son gobelet et vise l'intérieur pour le faire progresser.

- Le premier gobelet qui dépasse la ligne rouge centrale rapporte 1 point à son équipe.

Le jeu continue de cette manière pour tous les autres joueurs en attente.

L'encadrant consigne les points obtenus sur la fiche d'arbitrage au fur et à mesu.

Article L111-1 - Code de la propriété intellectuelle

OBSERVATIONS

BILAN

HTTPS://MON ENFANT FAIT DU SPORT.FR

But du jeu : Faire tomber toutes les balles de ping-pong

Joueur - courir jusqu'aux bouteilles et viser la balle de ping-pong

Stand de Tir

HTTPS://MON ENFANT FAIT DU SPORT.FR

Règle du jeu

- 10 MIN
- 2 équipes
- 2 tables
- Plusieurs bouteilles avec balles de ping-pong
- 2 bassines d'eau
- 2 Pistolets à eau

Avant le début du jeu, le terrain est divisé en deux couloirs. Des bouteilles sont placées sur une table, chacune avec une balle de ping-pong sur le goulot. Les pistolets à eau sont placés dans une bassine d'eau.

Au «TOP DÉPART» (en relais), **le premier joueur de chaque équipe court jusqu'à la bassine et s'arrête** à côté de celle-ci. Le joueur ramasse le pistolet à eau et **vise les balles de ping-pong.**

- Une fois qu'une balle de ping-pong est tombée, le joueur pose le pistolet à eau dans la bassine puis revient dans son camp.

Une fois le joueur revenu, le deuxième part à son tour et fait de même. Ainsi de suite, jusqu'à ce que **toutes les balles soient tombées des bouteilles.**

La première équipe qui parvient à faire tomber toutes les balles en premier remporte 4 points. L'équipe perdante gagne 1 point.

Article L111-1 - Code de la propriété intellectuelle

OBSERVATIONS

BILAN

HTTPS://MON ENFANT FAIT DU SPORT.FR

But du jeu : Transférer l'eau d'une bassine à une autre

Joueur - transvaser l'eau de son gobelet dans celui de son coéquipier

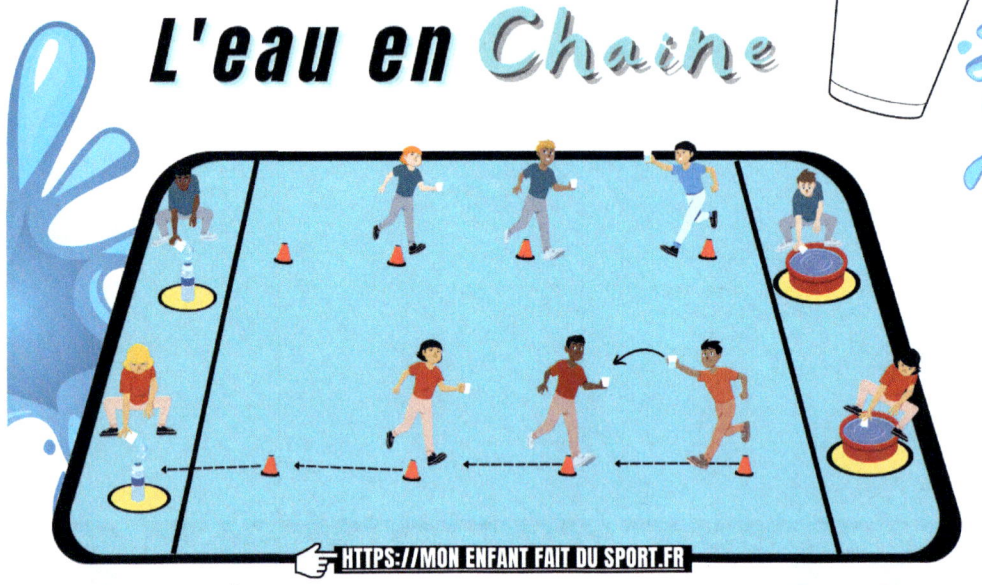

L'eau en Chaîne

Règle du jeu

10 MIN

- 1 gobelet par joueur
- 2 Bassines d'eau
- 2 Bouteilles vides
- 2 équipes

Avant le début du jeu, deux bassines d'eau sont placées au départ de la course.
Deux bouteilles vides sont disposées à l'extrémité du parcours.
Les joueurs se positionnent en chaîne sur le terrain.

Au «TOP DÉPART», le premier joueur **remplit son gobelet dans la bassine**, puis court vers son coéquipier et **verse l'eau dans le gobelet de ce dernier**.

Le second joueur fait de même, transvasant l'eau dans le gobelet du troisième joueur.

- Le processus se répète jusqu'au dernier joueur, qui verse l'eau dans la bouteille vide.

L'équipe qui remplit sa bouteille en premier gagne 4 points.
L'équipe perdante remporte 1 point.

Variantes :
- Perforer chaque gobelet pour augmenter la difficulté.

Article L111-1 - Code de la propriété intellectuelle

OBSERVATIONS

BILAN

HTTPS://MON ENFANT FAIT DU SPORT.FR

But du jeu : Avoir le plus d'eau dans son récipient

Joueur - courir et perdre le moins d'eau possible

Le Déluge

Règle du jeu

- 2 seaux troués ou sac plastique
- 4 bassines
- 2 équipes

Avant le début du jeu, deux bassines d'eau sont placées au départ de la course. Deux autres bassines vides sont placées à l'arrivée de la course.

Le premier enfant de chaque équipe a un petit seau troué en main.

Au «TOP DÉPART», les premiers de chaque équipe remplissent leur seau d'eau et courent le plus rapidement possible pour aller vider le seau dans la bassine vide de leur équipe.

Une fois le seau vidé, l'enfant repart en courant pour passer le seau au joueur suivant de son équipe. Ainsi de suite, pour tous les joueurs, jusqu'à ce que la bassine déborde.

La première équipe à faire déborder sa bassine vide remporte 4 points.
L'équipe perdante gagne 1 point.

1. Remplir le seau.
2. Courir le plus vite possible pour perdre le moins d'eau.
3. Verser l'eau du seau dans l'autre récipient.

Article L111-1 - Code de la propriété intellectuelle

OBSERVATIONS

BILAN

HTTPS://MON ENFANT FAIT DU SPORT.FR

But du jeu : Retourner toutes les bouteilles avant l'équipe adverse

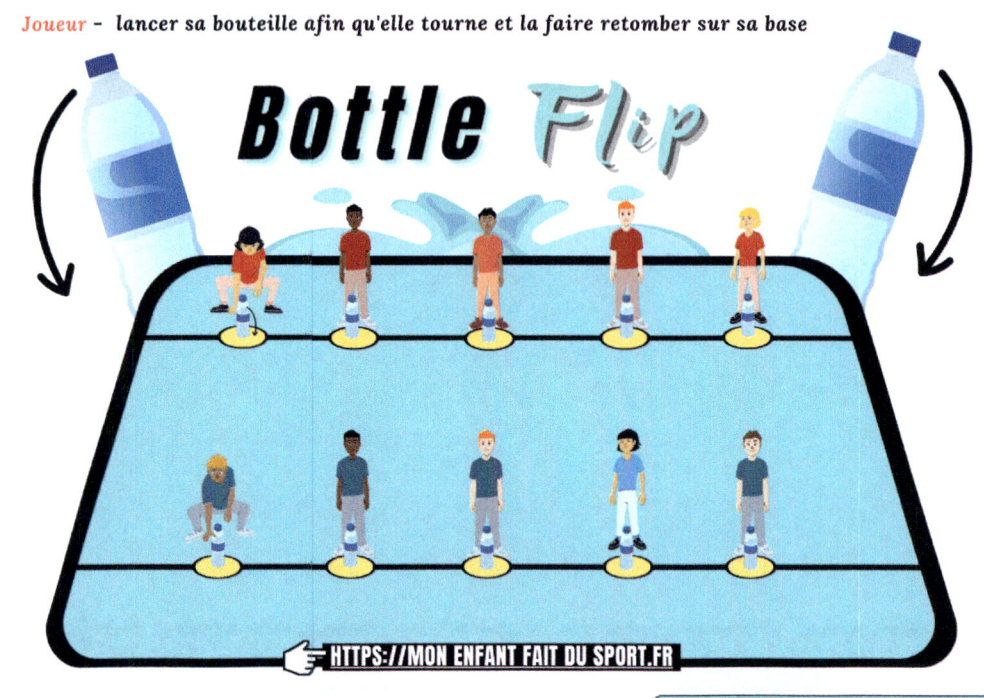

Joueur - lancer sa bouteille afin qu'elle tourne et la faire retomber sur sa base

Bottle Flip

HTTPS://MON ENFANT FAIT DU SPORT.FR

Règle du jeu

10 MIN

- Autant de bouteilles que de participant
- 2 équipes

Avant le début du jeu, chaque joueur se tient derrière une bouteille remplie d'un quart d'eau, placée sur la zone de jeu.

Au **«TOP DÉPART»**, le premier joueur de chaque équipe doit saisir sa bouteille par le goulot, puis la lancer d'un coup sec en arrière pour la faire retomber sur sa base.
Vidéo de démonstration en cliquant ici

Une fois que le premier joueur d'une équipe **réussit à retourner sa bouteille**, le deuxième joueur **en attente prend sa bouteille** par le goulot et effectue à son tour le **même procédé**.

Ainsi de suite, jusqu'au dernier joueur.

La première équipe qui parvient à retourner toutes les bouteilles en premier remporte 4 points. L'équipe perdante gagne 1 point.

Article L111-1 - Code de la propriété intellectuelle

OBSERVATIONS

BILAN

HTTPS://MON ENFANT FAIT DU SPORT.FR

But du jeu : Ramener le foulard dans son camp pour gagner 1 point

34

Aveugle - se déplacer les yeux bandés et récupérer un objet
Guide - diriger l'aveugle avec sa voix

Sensibilisation

Le guide & L'aveugle

devant toi !!

Lève le pied

HTTPS://MON ENFANT FAIT DU SPORT.FR

Règle du jeu

10 MIN

- 1 Guide
- 1 Aveugle
- 4 Haies
- 6 Plots
- 2 Foulards

Le jeu du guide et de l'aveugle est un jeu handisport conçu pour sensibiliser les enfants au handicap visuel. Il leur permet de découvrir de nouveaux repères spatiaux et d'utiliser efficacement leur ouïe.

En duo, l'aveugle doit localiser son foulard en se guidant grâce à la voix de son partenaire, le guide.

- Le guide lui indique le chemin à suivre pour atteindre le foulard le plus rapidement possible.
- Le guide ne peut pas franchir les plots devant lui et dirige l'aveugle uniquement avec sa voix.

Un point est attribué au joueur qui réussit à ramener le foulard dans son camp.

Les joueurs alternent les rôles de guide et d'aveugle. L'encadrant note les points au fur et à mesure sur la fiche d'arbitrage.

Article L111-1 - Code de la propriété intellectuelle

OBSERVATIONS

BILAN

HTTPS://MONENFANTFAITDUSPORT.FR

But du jeu : Construire la tour la plus haute

Joueur - **courir et empiler un bloc de bois sur la tour**

La tour Jenga

HTTPS://MON ENFANT FAIT DU SPORT.FR

- 2 équipes
- Beaucoup de Kapla

Règle du jeu

5 MIN

Avant le début du jeu, deux cibles (cerceaux) sont placées à une distance de 10m de la zone de construction des tours.

Au **«TOP DÉPART»**, le premier joueur de chaque équipe **prend un bloc de bois** dans son cerceau, court le poser sur **la zone de construction de la tour**, et revient à son camp.

Une fois revenu, **le deuxième joueur** en attente part à son tour avec un bloc de bois et court **le poser dans la zone de construction**.

Le processus se répète pour chaque joueur.

Si une tour s'écroule pendant la phase de jeu, on retire seulement les blocs tombés et la construction continue tant qu'il reste du temps.

- Au bout de 5 minutes, le jeu est arrêté.

L'équipe qui a construit la tour la plus haute remporte le jeu.

Article L111-1 - Code de la propriété intellectuelle

OBSERVATIONS

BILAN

HTTPS://MON ENFANT FAIT DU SPORT.FR

Visage de l'enfant

DÎPLOME DÉCERNÉ À

JEUX D'OLYMPIADES

★ ★ ★ ★ ★

HTTPS://MON ENFANT FAIT DU SPORT.FR

DÎPLOME DÉCERNÉ À

JEUX D'OLYMPIADES

HTTPS://MON ENFANT FAIT DU SPORT.FR

DÎPLOME DÉCERNÉ À

JEUX D'OLYMPIADES

HTTPS://MON ENFANT FAIT DU SPORT.FR

Printed in Great Britain
by Amazon